Frédérique Flamand

# Love Quintet

SACD : Œuvre N° 767 95

*Dans l'amour la vie a toujours
Un cœur léger et renaissant
Rien n'y pourra jamais finir
Demain s'y allège d'hier.*

*Paul Eluard*

## *TOUJOURS*

*Je ne suis point jaloux
de qui m'a précédé.*

*Viens avec un homme
ancré à tes pas,
viens avec cent hommes dans ta chevelure,
viens avec mille hommes entre ta poitrine et tes pieds,
viens comme le fleuve
chargé de noyés
et découvrant la mer furieuse,
l'écume éternelle, le temps !*

*Viens avec eux tous
là où je t'attends :
nous serons toujours seuls,
il n'y aura toujours que toi et moi
seuls sur la terre
pour commencer la vie !*

*Pablo Neruda*

Des objets symboliques peuvent apparaître ou disparaître sur scène dans chacune des 3 parties. Le reste du décor est réduit au minimum. Une porte. 2 chaises et un guéridon.

**Personnages**

ALICE : 36 ans dans la 1$^{\text{ère}}$ partie, 42 ans dans la 2$^{\text{ème}}$ partie, 45 ans dans la 3$^{\text{e}}$ partie.
HENRY : mari d'Alice dans la 1$^{\text{ère}}$ partie. Plus âgé qu'Alice.
JULIEN : compagnon d'Alice dans la 2$^{\text{ème}}$ partie. Le même âge qu'Alice.
THÉO : futur amant d'Alice dans la 3$^{\text{ème}}$ partie.
EMMA : amie d'Alice.
Silhouette juvénile d'une FEMME : fine, longue avec des formes
Silhouette juvénile d'un HOMME : mince, musclé et grand

Love Quintet

# Acte I

## 1

*Alice est seule sur scène. Elle semble énervée. Elle s'assoit sur une chaise, dos à la porte, prend son portable et compose un numéro.*

ALICE. (*Au téléphone*) Évidemment, tu ne réponds pas. Il est vingt heures trente, tu n'es toujours pas là et tu ne réponds pas. (*Elle raccroche*)

*Pendant qu'elle parle, HENRY entre, mais Alice ne peut le voir, il est derrière elle.*

HENRY. C'est à moi que tu parlais si gentiment ?

ALICE. (*Sursautant sans se retourner*) Tu pourrais prévenir quand tu rentres, tu m'as fait peur.

HENRY. Des reproches, encore et toujours des reproches. Et maintenant, il faudrait, en plus, que je te prévienne avant de rentrer chez moi ! Qu'avais-tu de si urgent à me dire ?

## Love Quintet

ALICE. Je voulais savoir à quelle heure tu allais rentrer.

HENRY. (*Il s'approche d'Alice pour lui faire face*) À vingt heures trente, tu t'es inquiétée de l'heure de mon retour ! (*Railleur*) Soudain, tenaillée par l'angoisse : « Mais que fait-il donc ? Où peut bien être mon mari à une heure aussi extraordinairement tardive ? » Et ce ton chaleureux (*il imite Alice*) : « Évidemment, tu ne réponds pas ». Qui peut sous-entendre quantité de choses. « Oh, il est sans doute chez sa maîtresse ! » Quoi d'autre d'ailleurs ? Tu te fous des autres possibilités. Si je ne réponds pas immédiatement, si je ne rentre pas au moment précis où tu as envie de me voir, tu imagines aussitôt que je te trompe.

ALICE. Arrête un peu ! Tu devrais être content que je pense à toi.

HENRY. Je préfèrerais que tu penses à moi autrement. Mais il y a longtemps que j'ai cessé d'espérer t'entendre me dire : « Tu me manques mon amour, dépêche-toi de rentrer ! »

ALICE. Pour que je te dise ce genre de choses, il faudrait peut-être que tu fasses un effort pour me séduire. Regarde toi ! Tu te laisses aller.

HENRY. Pff ! Que racontes-tu encore ? Je n'ai pas changé. Je ne te plais plus, c'est tout. Je pourrais faire n'importe quoi, cela n'y changerait rien.

# Love Quintet

ALICE. Tu n'essaies même pas. J'ai l'impression d'avoir le même vieux mari depuis cent ans. Tu t'habilles toujours de la même façon. Tu ne parles pas ou alors c'est pour rabâcher les mêmes histoires. Si tu savais comme je m'ennuie avec toi !

HENRY. (*Il s'assoit ou plutôt se laisse tomber sur une chaise*) Charmante ! Et toi ? Que fais-tu pour me séduire ? Tu passes ton temps à me critiquer. Tu me regardes d'un air dégoûté. Si je veux te toucher, tu te détournes comme si j'avais un chancre mou au bout des doigts. Comment veux-tu que j'ai envie de te séduire ?

ALICE. Tu as raison, continue ! ça va sûrement arranger les choses entre nous ! Si tu crois que je n'ai pas vu ton petit manège, hier soir, avec cette pétasse au décolleté exorbitant?

HENRY. Encore un nouveau délire ! Quelle pétasse ?

ALICE. Cette brune avec qui tu as parlé pendant des heures, les yeux scotchés à ses deux globes savamment mis à nu. Tu étais pathétique ! Ridicule ! Et méprisable de te comporter ainsi alors que j'étais là, avec toi.

HENRY. (*Sa paupière droite tressaute et il bégaie légèrement*) D'abord, cette fille, qui n'est pas une pétasse, n'avait pas de gros seins et si tu crois que je ne t'ai pas vue disparaître avec ton bellâtre, c'est que tu me sous-estimes sérieusement !

## Love Quintet

ALICE. (*Furieuse*) Comment peux-tu afficher une telle mauvaise foi. Quelle réponse de fourbe !... Tu vois mes poils là (*elle remonte sa manche et montre son avant-bras*) qui se hérissent... C'est l'effet de ta réponse d'abruti fini. Elle est d'un tel mépris ta réponse ! Si ça, ce n'est pas une pétasse, je me demande bien ce que c'est ? Parce que c'est une super-archi-méga sacrée pétasse, cette brunasse. Et oser me dire, avec ta gueule saupoudrée de farine de super-archi-méga hypocrite, qu'elle n'a pas de gros seins, (*elle se met à crier*) c'est me prendre pour une super-archi-méga bécasse que je ne suis pas.

HENRY. Il est inutile de crier et de devenir vulgaire. (*Clignant encore légèrement de l'œil droit*) Peut-être a-t-elle une poitrine imposante, mais alors je n'ai pas fait attention, c'est tout.

ALICE. (*De plus en plus déchaînée, elle se lève*) Tu n'as pas fait attention ? Oh ! J'ai envie de te frapper. Tu avais les yeux révulsés et la langue pendante. Même Emma m'a fait un clin d'œil affligé qui disait : « Non mais regarde comment ton con de mari ose se conduire devant toi ? »

HENRY. Évidemment, Emma n'a jamais pu me supporter.

ALICE. Ne détourne pas la conversation. On se fout d'Emma.

HENRY. Alors pourquoi en parles-tu ?

ALICE. Seulement pour te mettre le nez dans ton manque de délicatesse à mon égard.

# Love Quintet

HENRY. Tu ignores où tu veux en venir. Tu me fais cette scène déplacée pour le seul plaisir de me faire une scène.

ALICE. D'abord, je ne fais pas de scène, je mets les choses au point. Nuance !

HENRY. Il y a tant de subtilité dans ta nuance que je l'avoue, elle m'échappe entièrement.

ALICE. Si tu crois que je vais oublier ta pétasse brune, tu te trompes.

HENRY. Oh ! Mais je te connais trop pour imaginer que tu puisses abandonner une de ces petites scènes dont tu as le secret et qui te tiennent tant à cœur. Vas-y Alice ! Déchaîne-toi ! Ça ira peut-être mieux après ?

ALICE. (*Se rapprochant*) Peux-tu me donner ton téléphone portable s'il te plaît ?

HENRY. Et pourquoi ? En quel honneur devrais-je te donner mon portable ?

ALICE. Si tu n'as rien à cacher, donne-le moi ! Je vais juste regarder qui tu as appelé aujourd'hui et je suis presque sûre de voir s'afficher le numéro de la bimbo d'hier soir !

HENRY. Mais tu es complètement folle ma pauvre Alice !

*Alice s'approche davantage d'HENRY et tend la main.*

## Love Quintet

ALICE. (*Autoritaire*) Donne-le moi !

HENRY. (*Se reculant sur sa chaise*) Certainement pas.

ALICE. Ah ! Tu vois. Je le savais. Tu es vraiment un pauvre type.

HENRY. Je suis un pauvre type parce que je refuse de te donner mon portable ? On aura tout entendu !

ALICE. Non. Tu es un pauvre type parce que tu as dragué cette affreuse fille sous mes yeux et d'une façon éhontée et parce que, dès le lendemain, tu t'es empressé de lui téléphoner et tu l'as peut-être même déjà sautée. Tu me dégoûtes (*elle le regarde d'un air écoeuré et triste*).

HENRY. (*S'énervant*) Bon, ça suffit maintenant. J'en ai assez d'écouter tes bêtises. J'ai travaillé toute la journée et je meurs de faim.

ALICE. Eh bien, c'est fort ennuyeux mon chéri, car justement, il n'y a rien à manger ce soir !

HENRY. Comment cela, il n'y a rien à manger ?

ALICE. Oui. Je ne vais quand même pas préparer le dîner d'un mari qui me trompe !

HENRY. Mais tu sais que tu es une folle furieuse ! Il y a quinze ans, j'ai épousé une folle furieuse sans le savoir !

## Love Quintet

Puisque c'est ainsi, je vais dîner dehors. (*Il fait mine de partir*)

ALICE. Je t'accompagne !

HENRY. Il est hors de question que tu m'accompagnes.

ALICE. Je le savais. Tu vas la rejoindre.

HENRY. Crois ce que tu veux, je m'en fiche. Tu es cinglée.

ALICE. (*D'un ton qu'elle voudrait menaçant*) Si tu pars sans moi, je te préviens, tu vas le regretter.

HENRY. (*Il se dirige réellement vers la sortie*) Si tu crois que tes menaces me font peur !

ALICE. (*Montant d'un ton*) Je t'interdis de partir. (*Elle avance vers lui et l'attrape par la manche*).

HENRY. (*Il se dégage avec vivacité*) Tu es ridicule ma pauvre Alice.

ALICE. Oh ! Et puis pars ! Cela m'est égal, je serai mieux sans toi.

*HENRY quitte la pièce.*

## Love Quintet

Love Quintet

2

*Alice est seule face au public.*

ALICE. Il a osé. Il a osé partir sans moi. Il m'a abandonnée là comme une pauvre fille. Je ne compte plus pour lui. Il me traite moins bien que son chien. Son chien, il l'aurait emmené, lui. Et il ment. Je devine toujours quand il me ment. Il a cette sorte de tressautement de la paupière droite alors qu'il me crache son mensonge à la figure. Comme ça, (*elle essaie de mimer la chose devant le public sans y parvenir*) il cligne légèrement de l'œil droit et son sourcil dessine un subtil accent circonflexe. Toujours quand il ment. Il ferait un pitoyable joueur de poker. Tenez, ce serait amusant ça : jouer au poker contre lui... je le plumerais à tous les coups ... il serait furibond... (*Soudain soucieuse*) Et s'il ne revenait pas ? Oui, imaginons qu'il soit parti pour de bon... j'ignore même si cela me ferait réellement de la peine. Les sentiments, l'amour ne seraient donc que des flux ? À force de déborder, de s'épancher, ils finissent par se tarir, nous nous desséchons quand l'amour agonise. Penser que vous avez tant aimé un homme, vous l'avez voulu, séduit, épousé, vous avez fait un enfant avec lui et quelques années plus tard, il vous indiffère. Enfin pas tout à fait, mais presque. Vous pensez le connaître parfaitement, vous prévoyez ses réactions, vous anticipez ses répliques à la virgule près. Vous le connaissez tellement – sa tête au réveil, au coucher, le soir, sa démarche, sa façon de courir,

## Love Quintet

de mastiquer, de boire, de rire, de sourire – tellement que vous ne prenez même plus la peine de le regarder. Vous ne l'écoutez plus non plus. Quand il parle, sa voix fait office de fond sonore, vous interceptez les variations de ce ronronnement familier, elles vous indiquent son degré de contentement ou de tristesse, de calme ou de colère, et cela vous suffit amplement. Peu vous importe les paroles qu'il profère. Elles n'ont plus qu'un intérêt relatif pour vous. Terrifiant. Fatal. Inévitable. Pendant quelque temps, vous vivez, vous survivez dans ce no man's land, ce désert affectif, cette solitude à deux. Les mois passent, les années souvent. Et un jour, vous croisez un nouveau regard. Un regard qui vous trouble, vous chavire. Un autre homme. Et la toupie infernale qu'est votre cœur s'emballe, le flux de l'amour jaillit à nouveau. Vous submerge.

Love Quintet

# 3

*HENRY est seul devant le public.*

HENRY. Quand je l'ai rencontrée, elle était si jeune, si jolie, si douce, (*songeur*) oui, elle était vraiment douce. Comment a-t-elle pu changer à ce point ? Est-ce à force de vivre avec moi ? Ce serait de ma faute alors. Je n'ai pas su la rendre heureuse. Je n'ai pas su l'aimer pour qu'elle devienne à ce point grincheuse, pénible. Et jalouse ! Ah oui, jalouse. Cette scène qu'elle m'a faite était vraiment ridicule. Mais cette fille était vraiment troublante, je l'avoue. Elle avait une poitrine splendide. Alice n'a rien imaginé, j'étais sous son charme, mais je ne pouvais tout de même pas le lui dire. J'ai été lâche. J'aurais dû lui répondre : « Oui cette fille m'attirait, ses seins m'excitaient follement et elle, au moins, semblait s'intéresser à ce que je lui disais… » C'est vrai ça, elle était pendue à mes lèvres… (*Lyrique*) Ah ! Et ses lèvres à elle… Mais elle l'aurait mal pris je crois ! Elle aurait hurlé encore davantage. Ou pire, elle aurait pleuré. Je ne supporte pas de voir pleurer une femme. Surtout si je suis responsable de ses pleurs. Et imaginons que j'ai ajouté : « Oui, j'ai revu cette femme aujourd'hui. Je l'ai invitée à déjeuner et nous avons passé l'après-midi dans une chambre d'hôtel. » (*Exalté*) Quel après-midi ! On devrait pouvoir tout dire à sa femme. Même le pire. L'inavouable. Ce serait tellement bien de pouvoir ainsi se débarrasser de cette culpabilité qui ne manque jamais de nous tarauder

## Love Quintet

après la trahison. Oui si on disait tout à l'autre, il n'y aurait plus de trahison. Parce qu'en rentrant ce soir, évidemment, je me suis senti coupable. Minable même. Pourtant je vais revoir cette fille. C'était... c'était vraiment trop bon. Ah ces seins ! Une merveille. Je me demande depuis combien de temps je n'ai pas vu ceux d'Alice. Avec Alice nous vivons la coda de notre concerto amoureux. Nous sommes sur la pente macabre de notre bel amour. Le déclin de l'empire d'Alice sur Henry. (*De nouveau songeur*) Elle était si jeune, si jolie, si douce...

## Love Quintet

### 4

*Trois mois plus tard.*

*Alice est assise quand Emma entre dans le salon.*

EMMA. Que se passe-t-il ? Ton message téléphonique était bien mystérieux !

ALICE. (*Très calme*) Henry m'a quittée.

EMMA. Encore ?

ALICE. Cette fois, c'est sérieux.

EMMA. Tu dis ça à chaque fois.

ALICE. Il est parti depuis cinq jours.

EMMA. Où?

ALICE. Je ne sais pas. Il a coupé son portable et n'est pas allé travailler depuis son départ.

EMMA. Ne t'inquiète pas, il va rentrer. Comme d'habitude. Sa fugue aura juste duré un peu plus longtemps.

## Love Quintet

ALICE. (*D'une voix calme et assurée*) Non, il ne rentrera pas.

EMMA. Tu dramatises.

ALICE. (*Elle se lève et tend une lettre à son amie*) Tiens, si tu ne me crois pas, lis !

EMMA. (*Attrapant la lettre*) Une lettre ?

ALICE. Une lettre de lui.

EMMA. De ton mari ?

ALICE. Oui.

*Emma s'assoit et lit la lettre. Son visage est expressif. Il passe de l'étonnement à l'incrédulité puis la contrariété.*

EMMA. Il est devenu fou !

ALICE. C'est limpide. Il ne m'aime plus. Il ne me supporte plus. Il veut divorcer.

EMMA. Après tant d'années de mariage, on ne quitte pas une femme avec une lettre comme celle que je viens de lire. C'est impossible.

ALICE. Rien n'est impossible pour Henry.

EMMA. (*Offusquée*) Et votre enfant ? Il pense à votre enfant ?

Love Quintet

ALICE. Il ne s'agit pas de notre enfant. Il s'agit d'Henry et de moi. Notre enfant ne sera jamais un enjeu. On se l'est promis.

EMMA. Peut-être veut-il seulement te faire peur. Il te provoque, comme tu le fais souvent toi aussi avec lui.

ALICE. Je t'assure qu'il ne plaisante ni ne joue.

EMMA. Tu le prends plutôt bien je trouve !

ALICE. Je vais être honnête ma chérie, je m'y attendais.

EMMA. (*Surprise*) Et le seul fait que tu aies prévu votre inéluctable rupture te suffit pour l'accepter sereinement ?

ALICE. Je crois que je ne l'aime plus depuis longtemps.

EMMA. Tu dis n'importe quoi. C'est de l'orgueil mal placé.

ALICE. Ces dernières années, j'ai arrêté de le désirer. Notre couple s'est replié sur lui-même, flétri. L'ennui l'a dépouillé de sa saveur. La lassitude l'a spolié de cet inattendu dont j'ai tant besoin.

EMMA. Si tous les couples chez lesquels le désir décline ou l'ennui pointe son nez se séparaient aussitôt, il n'y aurait plus que des divorces. Il veut te quitter et tu parles comme si tu avais, toi, pris cette décision !

# Love Quintet

ALICE. Il ose ce que je rêvais de faire depuis des mois sans m'y risquer.

EMMA. Tout va bien alors ?

ALICE. Non. Je suis morte de peur. Je ne sais pas vivre seule. Je déteste ça.

EMMA. J'ai compris. Tu as un amant ! Julien ?

ALICE. Quoi Julien ?

EMMA. Il semble fou de toi…

ALICE. Comment peux-tu dire ça ?

EMMA. J'ai vu la façon dont il te ronge de ses yeux… C'est presque embarrassant.

ALICE. Julien n'est pas mon amant. Il est si différent d'Henry. Calme. Il m'écoute. Il me console.

EMMA. Henry est à peine parti que tu l'as déjà remplacé ! Tu es incroyable !

ALICE. Je n'ai jamais dit ça.

EMMA. Je te connais, c'est comme si tu l'avais dit.

ALICE. Tu te trompes. Je n'ai qu'une certitude : je suis en colère contre Henry. Et cette colère est terrible, frénétique, incontrôlable. Elle vient du plus profond de moi, me

Love Quintet

submerge quand il est près de moi et j'en arrive à le haïr alors que je l'ai tant aimé.

EMMA. Vous vous êtes connus si jeunes, mariés si vite. Vous vous aimiez tellement. Un tel amour ne meurt pas dans la haine, la colère. Il se transforme. Sournoisement. Il prend le contrôle. Il vous possède et vous n'êtes pas assez malins pour voir que vous êtes ses dupes. Vous en avez perdu le contrôle. Et ce que tu prends pour de la haine n'est que de l'amour en colère, ou la colère de l'amour déçu, dépité. Vous êtes trop pressés de vous quitter.

ALICE. (*Ne voulant rien entendre*) Ce que je comprends, moi, c'est qu'il me quitte. Tu peux bien me sermonner avec tes théories fumeuses sur notre immortel amour, cette lettre, tu l'as lue, c'est bien lui qui me l'a écrite et il n'est pas homme à plaisanter.

EMMA. Je te conseillais seulement d'être un peu patiente.

ALICE. J'ai 36 ans, je n'ai pas le temps d'être patiente si je veux refaire ma vie.

EMMA. Les vraies histoires d'amour n'ont que faire de l'âge des prétendants. Elles ont besoin de temps pour s'épanouir. De temps pour respirer et de temps pour traverser les crises inévitables d'une vie à deux. Tu te précipites et tu risques de le regretter. Je n'ai qu'un seul conseil à te donner : la patience.

## Love Quintet

ALICE. Et c'est toi, la célibataire aguerrie, qui me parle de patience. Regarde où elle t'a menée la patience : tu es et restes seule à force de patience !

EMMA. Je resterai et choisirai de rester seule tant qu'il me plaira. Jamais je ne m'engagerai avec un homme à la légère ou sans être certaine de notre amour réciproque.

ALICE. Je crois, moi, que tu adores tes petites histoires sans lendemain. Tu évites ainsi la lassitude, la routine et tous les désagréments d'une vie à deux.

EMMA. Je n'adore pas mes petites histoires. Je les vis à fond et il se trouve qu'elles restent « petites » et non exemptes de lassitude ni de routine contrairement à ce que tu imagines ! Je rêve aussi d'une « grande » histoire, comme tout le monde. Et j'espère que tu ne te trompes pas en ne te battant pas plus pour garder Henry. Mais je te connais, je suis certaine que ce Julien n'est pas étranger à ta placidité devant l'imminence de ton divorce. Alors que tu le connais à peine…

*Le téléphone sonne, Alice regarde son téléphone.*

ALICE. (*Souriante, visiblement enchantée*) C'est lui ! (*Elle répond aussitôt d'une voix langoureuse*) Allo ! (…) Elle t'a plu, c'est vrai ? (…) J'en mettrai une autre ce soir, j'espère qu'elle te plaira aussi…

*Emma se lève et fait de grands signes à Alice qui, elle, se rassoit, pour lui faire comprendre qu'elle part. Alice lui dit au revoir d'un sourire et d'un geste de la main.*

Love Quintet

# Acte II

## 5

*6 ans plus tard.*

*Julien est assis sur une chaise et lit son journal, une paire de pantoufles aux pieds. On entend un morceau de jazz grinçant en fond sonore. Soudain, un bruit de clefs, Julien se lève précipitamment, monte fortement le son et reprend sa pose initiale, l'air de rien. Alice entre, elle a 6 ans de plus et semble avoir mûri.*

ALICE. C'est quoi cette musique atroce ?

JULIEN. (*Levant mollement les yeux sur elle*). Excuse-moi, mais moi, J'AIME cette musique.

ALICE. Eh bien pas moi ! (*Et elle se dirige d'un pas rapide et décidé vers la chaîne et éteint la musique d'un geste rageur.*)

JULIEN. (*Expire un long soupir pendant qu'Alice enlève son manteau et pose ses clefs et son sac*) Tu étais où ?

ALICE. Dehors.

JULIEN. Mais encore ?

# Love Quintet

ALICE. Avec une amie que tu ne connais pas.

JULIEN. Et comment s'appelle cette mystérieuse personne ?

ALICE. Tu m'ennuies avec tes questions. Tu ne la verras jamais alors quelle importance peut bien avoir son prénom ?

JULIEN. Et pourquoi ne la verrai-je jamais ? J'ai juste envie de connaître son nom.

ALICE. Eh bien tu ne le sauras pas et tu ne la rencontreras pas parce que je n'ai pas envie que tu la rencontres !

JULIEN. Quelle vie !

ALICE. C'est tout ? Tu as déjà fini de t'exprimer ?

JULIEN. Dès que je dis quelque chose tu m'agresses. Alors je préfère me taire.

**ALICE.** Trop facile cette réponse. Tu baisses les bras si rapidement. Réfléchis un peu. Tu préfères te taire parce que tu sais qu'entre nous le meilleur est passé et peut-être disparu à jamais, mais cela t'effraie et tu ne veux pas affronter cette désillusion… Alors tu te laisses vivre à mes côtés. Pourquoi ? As-tu si peur de la solitude ?

## Love Quintet

JULIEN. Tout de suite les grands mots. Pourquoi t'énerves-tu si vite ?

ALICE. Je ne m'énerve pas et je ne t'agresse pas. Je cherche à te faire prendre conscience de ce qui ne va pas entre nous. Tu ne comprends rien ou plutôt tu ne fais aucun effort pour essayer de me comprendre, de comprendre où nous en sommes. Alors je te parle d'un ton un peu plus ferme et toi tu simplifies tout avec une désinvolture qui me blesse, puis tu cognes avec une phrase dure et cassante. Si je choisis de t'écrire, tu me remercies et ne daignes pas me répondre ou si peu. Si j'essaie de dialoguer avec toi, tu frappes avec des phrases réductrices et irritantes. Alors je me suis tue moi aussi. Je me tais depuis de longs mois. Et tu ne t'étonnes même pas! Cela ne change rien. Au contraire. Je pense que mon mutisme te convient. Il t'est bien agréable mon silence. Qu'il soit forcé, qu'il me soit douloureux ? Peu t'importe ! Quelle paix il te procure ! Réfléchir devient superflu et te poser les questions vitales, inutile. Tu n'aspires qu'à te laisser vivre. Tu es d'une apathie écoeurante... Alors je vais me taire encore un moment. Et combien de temps tiendrai-je ? Tu le verras bien !

JULIEN. Que pourrais-je te dire de plus ? Tu m'en veux de ne pas t'offrir une vie de princesse, mais je ne peux pas faire mieux. Tout ce que je gagne je te le donne. Mais tu voudrais plus. La conjoncture est mauvaise. Je suis certain que si j'avais plus d'argent tout irait bien mieux entre nous. Je suis stressé, toi aussi, et tu m'en veux.

# Love Quintet

ALICE. Nous y voilà ! La vieille rengaine est de retour... Tu écornes la réalité en la simplifiant démesurément. Tu minimises donc notre malaise en le subordonnant à ton manque d'argent... Le rôle funeste de l'argent dans les histoires de cœur... Vaste sujet ! Ce que tu me dis là, en substance, revient à: « Notre relation a eu pour fondement une séduction réciproque liée à l'argent. Je t'ai séduite parce que tu pensais que j'étais suffisamment "riche" ! Aujourd'hui, tu vois que la vie n'est pas si rose. J'ai moins d'argent que ce que je t'avais laissé supposer... Donc rien ne va plus entre nous. » C'est cela ?

JULIEN. Peut-être. Les femmes sont toutes les mêmes, dès qu'un homme a des problèmes financiers, elles s'éloignent! (*Il fuit son regard en allumant une cigarette et désire visiblement que cette discussion cesse au plus vite*)

ALICE. Tu as d'autres poncifs de cet acabit ? Tu as assurément une haute opinion de la gent féminine et de moi-même... C'est charmant ! Tu penses me plaire avec un tel discours ? Il est vrai que tu as cessé de me séduire depuis longtemps. Eh bien bravo ! Vingt sur vingt Julien ! Tu ne me fais plus rêver. Terminée l'attraction fatale ! Je suis fatiguée. Je n'ai plus envie de toi. Envie de rien. Arrivée à ce stade de notre relation et puisqu'il n'y a plus de séduction, de mystère, de charme, mais simplement quelques habitudes rassurantes, une présence partagée lénifiante, tu as peut-être raison : si tu étais soudainement très riche, peut-être que *me prostituer avec toi* pourrait m'amuser ? Je m'éclaterais un temps dans le luxe ... Combien de temps ? À ton avis ? Le temps d'une dernière

# Love Quintet

étincelle entre nous ? Mais, inévitablement, je me lasserais et ce serait la mort assurée du moindre débris de sentiment.

JULIEN. Tu as fini ton cinéma ?

*Alice ne répond pas tout de suite. Elle blêmit. Julien est devenu invisible, transparent. Elle s'éloigne en quelques lentes foulées, prend paisiblement son manteau, son sac et ses clefs, se dirige tranquillement vers la porte et se retourne calmement vers Julien.*
*La scène s'obscurcit... Alice reste éclairée. Comme si, soudain, elle était seule.*

ALICE. (*D'une voix calme, froide, posée*) Tu vois, je croyais t'aimer... j'aurais tant voulu t'aimer... Tu dis, toi, souvent que tu m'aimes. Tu oses l'affirmer. Mais si je te dis, moi, que je ne t'aime plus, vas-tu continuer à le jurer? M'aimeras-tu encore quand tu comprendras que notre amour est sans espoir ? Sans avenir ? Que nous ne vieillirons pas ensemble. Que nous ne voyagerons plus ensemble. Que nous ne dormirons plus ensemble. Que plus jamais je ne mêlerai ma salive à la tienne. Plus jamais ton corps sur le mien. Mon corps sur le tien. Tes mains qui me fouillent. Ma bouche qui te tend. Mes mains qui glissent. Ta bouche qui me convulse. Nos nuits cannibales, blanches... Plus jamais. Oui, combien de temps m'aimeras-tu encore ? Parce que là, je le crie (*elle hausse la voix*) : « Je ne t'aime pas et je te quitte ».

## Love Quintet

*La scène est à nouveau éclairée. Alice ouvre la porte, passe le seuil et disparaît.*

*Julien ne perd pas son flegme et reste figé.*

Love Quintet

# 6

*Julien s'est levé et tourne en rond sur scène.*

JULIEN. Elle va revenir. Elle revient toujours. Je n'ai pas à m'inquiéter. Elle est ainsi. Elle s'emporte pour un rien. C'est ahurissant d'ailleurs, comment peut-elle s'énerver aussi vite et pour si peu ? Je ne comprends pas pourquoi elle s'est mise dans un tel état. Je n'ai fait que dire la vérité. Là, elle me reprendrait et dirait : « Ce n'est pas LA vérité, c'est TA vérité » comme si j'étais inapte à distinguer le vrai du faux. Elle ajouterait aussi : « Rien n'est jamais tout à fait vrai ni tout à fait faux ». Il faut toujours qu'elle coupe les cheveux en quatre ! Avant ça m'impressionnait, c'était pour moi la preuve incontestable de la supériorité intellectuelle d'Alice. Maintenant, j'ose le dire, ça m'emmerde. Ça m'emmerde à un point inimaginable ! J'aimerais avoir la paix chez moi. Dire tout ce qu'il me passe par la tête sans qu'elle analyse chaque mot, sans qu'elle dissèque le plus insignifiant de mes propos. Sans qu'elle me reprenne à chaque instant. Dieu que j'ai pu me sentir bête auprès de cette femme ! À l'instant, encore, elle vient de me débiter tant de choses en une seule et unique conversation que j'ai déjà presque tout oublié. Je n'arrive pas à la suivre. Elle s'énerve seule finalement et déclame de longues tirades trop complexes pour moi. Elle m'embrouille. Je sais qu'elle m'a toujours aimé moins que je l'aime. Mais il faut bien qu'elle m'aime un peu pour supporter de vivre à mes côtés depuis plus de

## Love Quintet

cinq ans. Je n'ai pas envie de la quitter. Et je ne veux pas qu'elle me quitte. Je n'ai rien fait pour mériter cela. Que peut-elle me reprocher réellement ? D'être trop tranquille ? Fidèle ? De ne pas la comprendre ? Mais qui pourrait comprendre Alice ? Freud ? Lacan ? Ce n'est même pas certain ! Les femmes ne sont jamais contentes. Elles veulent ce qu'elles n'ont pas et quand elles perdent ce qu'elles avaient, elles le regrettent et se lamentent…

Love Quintet

7

*Alice est seule sur scène.*

ALICE. J'en ai croisé des rustres, des mufles, des déficients du cœur, sans délicatesse. Des machos, des gougnafiers, de vrais salauds, des vrais des durs sans envergure. Sans états d'âme. Sans scrupules. Julien est un type bien. Alors pourquoi en sommes-nous arrivés là ? (*Elle hausse la voix*) Oui, pourquoi ? Je me souviens de ce Grégoire par exemple. Je le rencontre sur Internet, on échange des mails agréables, on finit par aller prendre un café ensemble, puis déjeuner deux jours plus tard. Je rentre chez moi et il m'envoie ce SMS : « Envie de te baiser... Pas dispo dans la tête pour le reste ». Fin de l'aventure avec ce goujat. Il y a eu Olivier aussi ; pendant des semaines il m'écrit des mails, on se voit enfin. Long déjeuner. Premiers baisers. Ses mails, ses SMS se noircissent alors de « mon amour », « ma petite chérie », « comme tu me manques », je finis par le rejoindre à l'hôtel. Un après-midi bien glauque : je pense faire l'amour avec lui et je me fais baiser, oui ! Baiser ! Vite, vite ! L'oublier. Je me sentais si seule avec Julien. J'avais besoin de tendresse. Je la cherchais partout. N'importe où. Auprès de n'importe qui. Le premier homme s'intéressant à moi, aussi médiocre fut-il, pourvu qu'il ne fut pas trop moche, devenait un amoureux potentiel. Je tombais amoureuse du peu d'intérêt que ces hommes me portaient. Pathétique. J'étais Alice la pathétique. J'ai fini par

## Love Quintet

comprendre que je faisais fausse route. L'amour, la tendresse ne se mendient pas. Ils se donnent. Peut-on rien recevoir de bon sans savoir le donner ? Sans baisser les armes ? Il faut être deux pour s'aimer, s'étreindre. Baiser n'est rien. Baiser n'apporte rien. Il faut être deux êtres humains et généreux pour faire l'amour. J'ai compris cela mais je n'en aime pas Julien davantage. Je le respecte, j'ai de l'affection pour lui, mais je ne l'aime plus. Je ne l'aime pas. Il m'ennuie, il m'agace : des verbes qui reviennent dans les descriptions de ces états de lassitude qui précèdent une rupture au long cours.

Love Quintet

8

*Quelques semaines plus tard.*
*Emma est assise devant une table. Alice entre alors dans la pièce habillée en pyjama.*

ALICE. Tu n'as pas vu mon débardeur noir ?

EMMA. Lequel ? Tu en as des milliers !

ALICE. Le nouveau, tu sais, celui que tu trouves totalement obscène !

EMMA. Ok ! Je vois, "l'appel au peuple"… échancré jusqu'au nombril et si moulant qu'on se demande comment tu peux respirer !

ALICE. C'est ça ! Alors, tu l'as vu ?

EMMA. Tu as un rencart vengeur ? Tu veux que ta victime meure d'une crise cardiaque au moment où tu enlèveras ta veste l'air de rien ? Je te connais, tu es redoutable !

ALICE. Non mais sérieusement, tu ne l'as pas vu ?

EMMA. Pas vu pas pris, mais tu ne veux pas t'asseoir à côté de moi et te calmer ?

## Love Quintet

ALICE. Henry a pris Tom une semaine et j'entends bien profiter de ma semaine de liberté totale... Tu fais une drôle de tête. Ça va ?

EMMA. Tu me donnes le tournis !

ALICE. (*S'assoit à côté d'Emma*) Me voilà ! (*Soudain songeuse*) Tu ne trouves pas que plus on vieillit, plus la vie est compliquée ?

EMMA. Oh lala, je le sens mal... après le tournis, tu vas me filer le blues !!

ALICE. Les hommes de 30 ans sont des amours... À l'approche de la quarantaine, ils sont déjà pervertis... Et à 50 ans, c'est carrément l'horreur !

EMMA. Alors tu n'as jamais imaginé vivre avec une femme ?

ALICE. Je vis avec toi, pourquoi veux-tu que j'imagine un truc que je fais déjà ?

EMMA. Je veux dire vivre une histoire d'amour avec une femme, pas partager provisoirement son appartement !

ALICE. (*Lève les yeux en l'air*) Tu ne vas pas me faire une déclaration d'amour !

EMMA. (*Riant*) Mais non, n'aie pas peur ! Je te pose seulement la question.

## Love Quintet

ALICE. Je n'ai jamais été troublée par une femme. Réellement. Jamais. Mais si cela m'arrivait, si je tombais amoureuse d'une femme, pourquoi ne vivrais-je pas l'histoire jusqu'au bout ? Et toi ?

EMMA. Ça m'est arrivé. Avant de te connaître. J'avais 20 ans. Ça a duré deux ans.

ALICE. Tu n'avais jamais osé me le dire ? Pourquoi ça n'a pas duré ?

EMMA. Je l'ai trompée avec un garçon, elle l'a su et m'a jetée dehors !

ALICE. Tu regrettes ?

EMMA. Parfois. Vivre avec elle était simple, facile. Mais peut-être seulement parce que j'avais 20 ans et ne me posais pas encore toutes ces questions sur le sens de l'amour. Je t'ai observée quand tu vivais avec Henry, puis Julien. Souvent je pensais que tu perdais ton temps. Que tu aurais été mieux seule. Surtout avec Julien.

ALICE. Il était ahurissant de nonchalance ce Julien !

EMMA. Et cependant, tu as mis plus de temps à le quitter qu'Henry.

ALICE. C'est vrai. Mais si Henry n'avait pas demandé le divorce, j'aurais sans doute aussi tardé avant de le quitter.

## Love Quintet

Je ne voulais pas tout casser sur un coup de tête avec Julien.

EMMA. Même si Henry a pris les devants, tu as été plus expéditive pour accepter la rupture avec lui.

ALICE. Oui mais entre Henry et moi tout était passionnel. Je l'avais épousé pensant que nous deux c'était pour la vie. Je ne voulais pas faire de concessions. Je voulais l'absolu, la permanence. Je voulais… mais vouloir ne suffit pas. Quand je l'ai rencontré, j'avais vingt ans, j'étais encore une enfant. Une vraie gamine, je t'assure. Je l'aimais comme une gamine.

EMMA. Et comment aime une gamine ?

ALICE. Une gamine fait des caprices, des scènes pour tout et pour rien. C'est assez égoïste une gamine qui aime. Je lui demandais de m'aimer comme un père et non comme un mari. Ça l'a amusé de jouer à ce jeu au début, puis il s'en est contenté pendant des années et quand enfin il s'est rebellé, voulant retrouver son statut d'amant, de mari et attendant sûrement que je change, je ne l'ai pas supporté. Je n'ai pas compris ce qu'il attendait de moi. Il m'a fallu longtemps avant de le comprendre. Je l'ai aimé, ça oui, mais à la manière d'une enfant. Pas autrement.

EMMA. Tu le regrettes ?

ALICE. Non. Je ne regrette rien. Il m'a fallu ce temps pour changer enfin. Évoluer.

## Love Quintet

EMMA. Et Julien, comment l'aimais-tu d'après toi ?

ALICE. Je ne sais pas si je l'aimais. Tu sais, j'étais bien plus désespérée de ma rupture avec Henry qu'il ne paraissait. Julien m'a peut-être aimée pour deux. Mais il m'aimait mal, lui aussi.

EMMA. (*Malicieuse*) Comme un gamin ?

ALICE. (*Gardant son sérieux*) Non. Comme un oncle.

EMMA. (Surprise) Un oncle ?

ALICE. Oui. Ni comme un frère, ni comme un père, mais comme un oncle. Une sorte d'oncle protecteur. Son flegme m'a séduite, je la trouvais rassurante cette placidité au début. « Enfin du calme ! » pensais-je. Mais sa nonchalance m'a vite irritée. Elle ressemblait à de l'indifférence. De la mollesse. Il aurait sans doute aimé, lui, que je l'aime comme une gamine, mais j'avais déjà changé, je m'étais lassée d'aimer et de vouloir être aimée comme une gamine. Et je m'ennuyais, que je me suis ennuyée avec cet homme !

EMMA. Tout le monde voyait qu'il t'agaçait et personne ne comprenait que tu ne le quittes pas.

ALICE. Quitter un homme trop gentil n'est pas si facile ! J'avais de l'estime pour lui, je ne voulais pas lui faire de peine. Pourtant j'ai toujours pensé que trop de gentillesse cache une faille, un manque, un vide même.

## Love Quintet

EMMA. Un vide ?

ALICE. Oui, un vide, une défaillance. C'est trop poli, trop civilisé pour être honnête la gentillesse. C'est ennuyeux trop de gentillesse.

EMMA. C'est assez juste ! J'ai connu un homme comme Julien. Sa gentillesse était si flagrante qu'il séduisait à coup sûr les femmes qu'il convoitait. Elles comprenaient trop tard que cette bonté était davantage une arme de défense qu'une arme de séduction. Surprotégé par sa mère dans l'enfance, il était incapable de vivre seul et, surtout, sans femmes pour le materner. Mais il ne pouvait supporter leurs exigences, leurs plaintes et même la réalité de leurs corps trop envahissants à son goût. Alors, pour les garder et en même temps mieux les fuir, il tirait contre elles des roquettes de gentillesse et se retirait tranquillement derrière ces éclats de bonté artificielle.

ALICE. L'amour est transporté par le désir, le contraire n'est pas toujours vrai. Le désir jamais assouvi de l'autre, de chaque parcelle de l'autre. C'est fragile le désir. Très vite avec Julien le désir a disparu.

EMMA. C'est compréhensible si tu le voyais comme un oncle et que tu t'ennuyais tant !

ALICE. J'avais une drôle de vie. Je vivais avec Julien et prenais un amant de temps en temps. Sans la moindre culpabilité. On ne trompe pas un oncle ! Et on ne vit pas sans désir.

## Love Quintet

EMMA. Tu ne semblais pas heureuse.

ALICE. Je n'étais ni heureuse ni malheureuse. Je vivais en mode "pause". Julien, lui, vit constamment sur "pause". C'est sa façon à lui d'exister. Je lui souhaite de passer un jour en mode "lecture" ou mieux, en "avance rapide". Mais je ne suis pas certaine qu'il le désire. Le mode "pause" est assez confortable, il faut le dire. Pas d'imprévus possibles. Le ronronnement rassurant du journalier. Cette présence de l'autre, terne, lénitive mais plus réconfortante que le silence de l'absence, le désert de la solitude.

EMMA. Tu as tout de même fini par choisir le désert de l'absence et le silence de la solitude !

ALICE. Et le miracle est que je me sens plus vivante, plus désirante et surtout moins seule en vivant seule, enfin en vivant avec toi, que lorsque je partageais le quotidien de mon *oncle Julien*. Je ne suis ni heureuse ni malheureuse, mais je me sens bien.

## Love Quintet

Love Quintet

# Acte III

## 9

*Un homme et une femme sont de profil et éclairés par un subtil halo de lumière. Ils sont seuls, sans décor.*
*Le reste de la scène est dans l'obscurité.*

*Ils se comprennent instantanément et enchaînent leurs répliques avec rapidité, un ton assez monocorde et une cadence identique. Sans pause entre les répliques. C'est un dialogue qui donne presque l'impression d'un monologue à deux voix.*

*En fond sonore, une musique suit le dialogue sans jamais couvrir les voix, elle épouse la progression du sentiment et du désir.*

LUI. Amoureuse ?

ELLE. Comment savoir ?

LUI. Tu penses à lui.

ELLE. Et j'ai une envie folle de le prendre dans mes bras, de lui parler, de l'embrasser.

LUI. C'est un signe.

## Love Quintet

ELLE. De désir.

LUI. Davantage que du désir.

ELLE. J'ai besoin de lui parler pour le désirer entièrement.

LUI. Son corps seul ne pourrait te suffire. Il y a sa voix. Son odeur. Son esprit, ses réparties. Son charme. Sa délicatesse.

ELLE. Je lui parle, je lui écris, chaque jour. J'apprends à le connaître. Il s'insinue peu à peu dans mon univers, dans mon quotidien.

LUI. Et tu aimes cela.

ELLE. Je m'ouvre, je me partage, je me déploie, je m'épanouis. Il s'ouvre, se partage, se déploie, s'épanouit.

LUI. Tu le séduis peu à peu.

ELLE. Il me séduit aussi. Je veux le voir. Il veut me voir.

LUI. Tu le vois. Il te plaît de plus en plus. Tu lui plais de plus en plus.

ELLE. Je lui parle, je lui écris chaque jour. Je le connais de mieux en mieux. Il me parle, m'écrit chaque jour. Nous sommes complices. J'ai confiance en lui. Il a confiance en moi.

## Love Quintet

LUI. Tu lui parles de tout avec ton cœur, sans retenue. Il te parle de tout avec son cœur, sans retenue.

ELLE. Je veux le revoir. Je suis là pour lui. Je l'écoute et l'entends. Je réponds à ses questions, à ses attentes. Je suis sincère, droite. Comme lui pour moi.

LUI. Tu es toi. Il est lui.

ELLE. Je ne peux plus me passer de son corps, de sa voix, de son odeur, de son esprit, de ses réparties, de son charme, de sa délicatesse. Lui non plus.

LUI. Tu ne peux plus te passer de lui. Il ne peut plus se passer de toi.

ELLE. Je fais des voyages et encore des voyages. Je suis dans ses bras le plus souvent possible.

LUI. Tu crois que tu l'aimes. Il croit t'aimer.

ELLE. Je me livre corps, âme et esprit, avec mon cœur. Il se livre corps, âme et esprit avec son cœur.

LUI. Tu y crois ?

ELLE. J'y crois. Nous sommes dans un rapport équilibré. Nous croyons nous aimer, nous rions, nous sommes présents l'un pour l'autre, malgré notre histoire, malgré la distance.

LUI. Tu y crois ?

## Love Quintet

ELLE. Tu sais bien que non. Comment pourrais-je croire à cette fiction ?

LUI. Tu ne peux croire à cette fiction.

ELLE. J'ai les yeux grand ouverts. Je vois. Je sens.

LUI. Tu sais que cela pourrait exister.

ELLE. Je sais que ce sera cet autre.

LUI. Tu sais. Tu devines. Tu sens. L'autre.

ELLE. Je vois, je devine et je vais bien.

# Love Quintet

## 10

*3 ans plus tard.*

*Alice et Emma sont sur scène. Le décor a changé. Alice a changé elle aussi. Elle est plus calme, sereine, heureuse.*

ALICE. C'est magique l'amour. Tu rencontres un homme, je ne sais pas moi, n'importe où, comme ça, tu te retrouves seule devant lui. Tu lui parles. Vous êtes là, face à face, avec toutes ces couches de vêtements sur la peau et le mystère de vos corps enfouis dessous. Jamais, à ce moment-là, tu n'imagines qu'un jour vous serez peut-être nus tous les deux, l'un contre l'autre. Enfin ça me semblerait impensable à moi de penser ça à ce moment-là. Je crois même que ça me ferait fuir de penser à un truc pareil face à un inconnu que je viens de rencontrer.

EMMA. Même s'il est beau ? qu'il te plaît à mort ?

ALICE. Surtout s'il est séduisant et qu'il m'attire. Par exemple si je m'imagine l'embrasser, je suis foutue. Ridicule. Je rougis, je bafouille, je deviens la pire des idiotes.

EMMA. (*Amusée*) Alors comment fais-tu ? tu fermes les yeux en lui parlant ?

## Love Quintet

ALICE. Mais non ! Je bloque mon imaginaire, ma pensée. Je me ferme. Je suis un bout de bois imperméable qui parle. Et effectivement je ne vois plus rien, mais sans avoir besoin de fermer les yeux.

EMMA. Tu es spéciale tu sais ! Et tu t'étonnes que les hommes aient peur de t'aborder... Si tu n'es qu'un bout de bois figé et imperméable, même un joli bout de bois, ils se sauvent.

ALICE. Théo est pire que moi. Un bloc de marbre. Pourtant, il est venu me chercher. Je ne comprends pas ce qu'il veut. Il m'invite à dîner et me parle de tout sur ce ton monocorde, froid. Il rit peu. Je suis parfaitement déroutée. Moi qui ai toujours fait rire les hommes, je le fais à peine sourire. Je me sens bête. Crois-tu que ce type soit un pervers ? Ou un cocaïné blasé, un arrogant, un pédant ? Et pourtant, il me plaît terriblement (*Alice roule les R*) !

EMMA. Il est peut-être simplement prudent. Il veut apprendre à te connaître. Il te laisse venir à lui, espérant que tu vas finir par t'engager, te compromettre...

ALICE. Il me rend folle, oui ! Il m'invite à dîner, j'adore nos conversations, toutes nos sorties, mais jamais il ne me prend la main ou ne tente le moindre geste affectueux. Il ne s'agit pas seulement de paroles, même dans ses gestes, il reste de glace.

EMMA. Peut-être es-tu trop pressée ?

## Love Quintet

ALICE. On n'est jamais trop pressée en amour. Je suis amoureuse de lui et je veux qu'il m'aime...

EMMA. Comment sais-tu que tu es amoureuse ?

ALICE. Je le sais parce que l'amour est une possession.

EMMA. (*Surprise*) Quoi ? Que dis-tu ?

ALICE. Je dis que l'amour est une possession. Quand tu aimes, tu es forcément possédée par l'autre. Dès le commencement.

EMMA. Mais l'autre ne veut pas forcément te "posséder", peut-être veut-il seulement t'aimer ?

ALICE. S'il m'aime et si je l'aime aussi, je suis possédée et donc il me possède.

EMMA. Alors si je te suis, si tu l'aimes et s'il t'aime, toi aussi tu le possèdes et il est donc possédé !

ALICE. Forcément. Dès que tu es amoureuse, avant même que tu en aies conscience... enfin, je ne sais pas si c'est la même chose pour toi... mais moi, dès les premiers instants, je suis possédée par l'autre. À tout moment, j'ai l'impression qu'il est avec moi. Je marche tranquillement dans la rue, par exemple, et il est là avec moi. Je le sens, alors même que je le connais à peine, que j'ignore s'il pense à moi, ne serait-ce qu'une seule petite minute dans la journée. Il est là. Avec moi, en moi. À force, j'ai

## Love Quintet

compris que je devais l'aimer, enfin être amoureuse de lui plutôt. Avant d'aimer on est amoureux je crois.

EMMA. Ainsi, il devrait être possédé. Et dès le premier jour, dès qu'il t'a rencontrée. Il serait possédé et tu serais possédée, mais je dis, moi, qu'il ne te posséderait pas et que tu ne le posséderais pas. Il se donnerait à toi et tu te donnerais à lui !

ALICE. Si tu préfères. On se donnerait l'un à l'autre. Mais si un jour, l'un de nous cessait d'aimer l'autre, ne penses-tu pas qu'il cesserait de se donner à l'autre, qu'il se reprendrait à l'autre ? Et si c'est ainsi, cela signifie que l'on ne se donne pas à l'autre. Cela signifie que l'on se prête à l'autre. Si tu regardes autour de toi, tu vois bien que presque personne ne se donne à un autre. On se prête puisque l'amour ne dure pas. Il ne dure presque jamais toute une vie.

EMMA. Tu as dit « presque ». « Presque jamais » ce n'est pas « jamais ». Si un homme t'affirme qu'il se donne à toi, il peut le penser profondément. Alors il ne se prête pas, il se donne. Sans nuances. Absolument. Il te donne son âme, son cœur, son corps. Ce qui ne veut pas dire qu'il se dépossède de lui-même. Il continue de s'appartenir, mais il te donne l'absolue jouissance de ce qu'il est.

ALICE. (*Rêveuse*) Oui j'aime ça : on se donnerait à l'autre sans se déposséder de soi. On offrirait à l'autre sa confiance et l'assurance qu'il peut jouir de tout ce que l'on est. Ce serait davantage qu'un don alors, ce serait un

## Love Quintet

partage, un partage sans parts. Chacun de nous pourrait jouir de chaque parcelle de l'autre. Et ce miracle serait possible parce que nous nous aimerions.

## Love Quintet

## Love Quintet

## 11

*Théo entre seul sur scène. Il est calme et son discours très posé.*

THÉO. Je connais Alice depuis quelques semaines et je ne sais qu'en penser. Elle me plaît, elle me plaît vraiment, mais elle me fait peur aussi. Sa fougue, son originalité qui confine parfois à l'étrangeté me troublent. Je sens comme un chaos en elle, une violence mal canalisée qui se mêlent à une fragilité et une faille de douceur qu'elle aimerait pouvoir cacher — mais cela lui est impossible car cette faille est trop étendue... Plus les années passent, moins il m'arrive de croiser de femmes qui m'attirent réellement. Les expériences, les aventures vécues nous aident à voir plus clair en nous. Aujourd'hui, je sais mieux et plus vite ce que je ne veux pas ou plus ; et lorsque j'ai la chance de rencontrer une femme qui me charme, hante mes pensées, pénètre mes rêves, je préfère savourer ces commencements trop souvent gâchés, lorsque j'étais plus jeune, par l'égarement de mon désir qui prenait alors le pas sur le reste. Je vois bien qu'Alice est agacée, elle ne comprend pas pourquoi je reste à distance. Si je l'embrassais, elle serait rassurée. Elle attend que je fasse le premier pas, les jolies femmes sont habituées à se sentir désirées. Il leur arrive de s'en plaindre, mais lorsque l'on s'intéresse à elles sans tenter le moindre rapprochement physique, elles s'inquiètent, doutent de leur séduction. Autrefois, j'aurais pu également douter de moi, plus maintenant : je sais qu'Alice n'opposera aucune résistance

# Love Quintet

si je tente de l'embrasser. Mais j'ai décidé de faire durer l'attente, de la pousser plus loin, hors d'elle, afin de voir ce qu'elle a dans le ventre. Le désir est fragile, il ressemble à ce feu des hommes préhistoriques : quand ils ont enfin réussi à l'allumer, il était si précieux qu'il n'était pas question de le laisser s'éteindre, il fallait le veiller et l'entretenir sans relâche. On devrait soigner l'amour et le désir comme un grand feu de cheminée que l'on voudrait voir brûler éternellement. On rajoute du bois, on souffle sur la flamme dès qu'il faiblit pour le raviver, l'entendre crépiter de joie, partager sa chaleur rassurante, enveloppante. Il faut aussi apprendre à prendre le temps. Se pacifier, s'adoucir. De l'ardeur, oui, mais avec délicatesse, suavité. Je suis séduit par Alice, je veux la connaître mieux, la comprendre. Et si l'on doit s'aimer, j'ai besoin de temps pour apprendre à l'aimer.

Love Quintet

12

*Alice et Théo sont tout près l'un de l'autre. Le reste du décor est dans le noir, ils sont les seuls à être éclairés. Ils écoutent un bel air de guitare aérien et mélancolique.*

ALICE. (*S'écartant un peu de lui*) Tu aimes cette musique ?

THÉO. Oui.

ALICE. Mais encore ? À quoi penses-tu en l'écoutant ?

THÉO. Pourquoi vouloir mettre des mots sur tout ? Les mots que je dirais pourraient ne pas te plaire. Te heurter. Dénaturer le charme et les images qui te viennent à l'esprit.

ALICE. Si tu ne me dis jamais rien, comment pourrai-je apprendre à mieux te connaître ?

THÉO. Je connais la force destructrice des mots, ces mots qui nous échappent et font parfois mal même si celui qui les prononce ne veut que du bien à l'autre.

ALICE. Tu es si froid !

# Love Quintet

*Théo reste silencieux. On entend mieux la musique.*

ALICE. Tu ne me réponds même pas…

THÉO. Qu'aimerais-tu que je réponde à cette réflexion qui ne cherche qu'à me montrer ta déception ?

*Alice reste silencieuse. Songeuse. On entend mieux la musique.*

THÉO. Là, c'est toi qui ne dis plus rien.

ALICE. Écoutons la musique et taisons-nous à jamais puisque tu le veux !

*Alice s'assoit sur une chaise de profil et prend un air inspiré. Théo la regarde mi amusé, mi agacé.*

THÉO. (*Fermant les yeux*) Tu marches sur une plage sans fin. Dans un pays qui n'existe pour personne d'autre que toi. Le soleil va bientôt se coucher. Tu es pieds nus au bord de l'eau. Tu portes une longue robe rouge. Tes cheveux détachés. Sans aucun bijou, sans maquillage. Toi. Tu es gaie et tu vas avec légèreté, presque en dansant, tes bras se balançant avec élégance au rythme de la musique…

ALICE. Et toi ? Où es-tu ?

THÉO. (*Il a rouvert les yeux*) Je suis là, mais tu ne me vois pas.

## Love Quintet

ALICE. (*Se redressant sur sa chaise*) Tu me vois, mais je ne peux te voir ?

THÉO. Oui. Je te regarde danser. Tu souris. Tu sembles heureuse. Vaporeuse. Tu es belle.

ALICE. (*Se lève et commence à danser*) Je suis sur cette plage, les pieds sur le sable humide et je danse… je suis heureuse parce que je devine que quelque chose de doux va m'arriver… (*Elle danse autour de Théo*) je devine que je vais te rencontrer… je volerais si j'avais des ailes… (*Elle s'arrête soudain*) non ! j'oubliais… tu préfères te cacher… je tremble… je te sens qui m'observe dans l'ombre… (*Elle mime la frayeur*) je suis inquiète … le soleil s'est couché… Je ne bouge plus…

THÉO. (*S'éloigne d'elle faisant mine de se cacher*) N'aie pas peur ! Je ne te veux aucun mal. Bien au contraire.

ALICE. Mais pourquoi ne viens-tu pas vers moi ?

THÉO. Je ne veux pas abîmer ce moment de magie… Je ne veux ni mot ni geste déplacés. Je laisse le temps au temps… Nos âmes planent, elles, elles se rejoignent… silencieuses et pures…

ALICE. Tu es si maître de toi !

THÉO. Alice, mon Alice… Essaie de voir au-delà des apparences… Débarrasse-toi de tes attentes… Laisse-toi aller… Abandonne-toi…

Love Quintet

*La musique s'est tue.*

ALICE. Théo ! tu vas dire que je suis incroyable, folle. Allumée, excessive, emportée, fière, mais quand on aime, on est tout à la fois. Si tu restes calme, posé, réfléchi, sage, sérieux c'est que tu n'aimes pas, que tu ne peux pas aimer. Et j'ai envie de te secouer comme je secouerais un arbre fruitier pour en faire choir tous les fruits verts et mûrs, ces fruits qui sont, croit-on, leur seule raison d'être, leur seul attrait. Tes appâts détachés de toi, pourrissant sur le sol, tu serais alors à ma merci. Sans protection. Toi. Dans ta verticalité. Brut. Offert. Alors je me déshabillerais et nue, me collerais contre ton écorce brune. Et je sentirais battre ton cœur derrière cette pellicule de bois. Et le miracle aurait peut-être lieu. Même l'écorce de ton tronc te deviendrait insupportable. Ton cœur battrait si fort – et de plus en plus fort – qu'il finirait par faire éclater ton fourreau de bois. Et contre mon corps exhibé et soumis, je serrerais alors ton cœur dénudé. À cet instant et seulement à cet instant, nous pourrions commencer à nous parler d'amour.

THÉO. (*Prend Alice dans ses bras et la regarde amoureusement*) Viens dans mes bras et parlons d'amour !

Love Quintet

13

*Emma est seule sur scène. Un halo de lumière sur elle.*

EMMA. L'amour ! Ah ! L'amour ! On en parle, on l'espère, on le craint, on le dépèce pour le mettre à nu, on le pleure quand il s'évanouit, on le brade quand il déborde, on le saccage quand on est en colère... Nous le croisons tous un jour ou l'autre. Parfois sans le voir. Ou trop tard. Mais si nous sommes ouverts, alertes, il nous happe, nous embrasse, nous embrase tout entier. Je ne connais rien de meilleur. J'ai toujours été fascinée par les êtres qui, comme Alice, ont cette capacité à s'enflammer. Son cœur en lambeaux a cette faculté de débarrasser chaque fragment de sa douleur, chaque débris de ses désillusions pour les rassembler et renaître. Brûlant, plus fort, plus désirant, plus entier et plus fou. Plus sage aussi peut-être et ce n'est pas une contradiction. Sa confiance ingénue, touchante en la magie de l'amour m'émeut. Moi qui reste sur les berges de ce fleuve en crue qui m'effraie. Moi qui, frileuse, vante les mérites de « l'amour oui, mais chacun chez soi ! ». Je refuse le quotidien, les habitudes, la promiscuité, les petits défauts de l'autre qui prennent toute la place avec les années. Qui a raison, qui a tort ? Personne. Chacun trouve à tâtons ses petits arrangements avec lui-même, avec sa peur et l'idée qu'il se fait de l'amour. Mais aimer et être aimé en retour est précieux. Plus précieux que tout. Comment mériter, entretenir,

## Love Quintet

chérir, faire grandir cet amour ? Il respire, s'épanouit s'il est protégé, soigné avec art. Nous aspirons au grand Amour et c'est peut-être ce talent, cette bonté, indispensables à la pérennité de l'Amour humain, qui le rendent parfois presque divin.

\*\*\*

© 2013, Frédérique Flamand

Edition : BoD Books on Demand, 12/14 rond-point des Champs Elysées, 75008 Paris
Imprimé par Books on Demand GmbH, Norderstedt, Allemagne

ISBN : 9782322030200
Dépôt légal : février 2013